ŒUVRES COMPLÈTES

DE

BENOIT MALON

LE

PARTI OUVRIER

EN FRANCE

DEUXIÈME ÉDITION

Prix : 25 centimes

EN VENTE

A LA LIBRAIRIE DU PARTI OUVRIER SOCIALISTE FRANÇAIS
32, RUE D'ANGOULÊME, 32
PARIS

—

1882
Tous droits réservés.

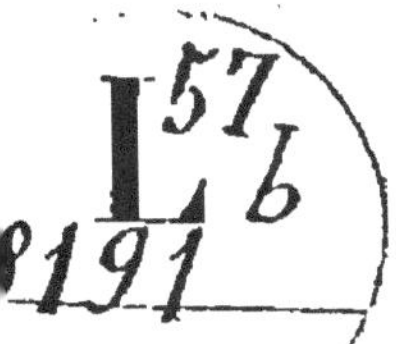

ŒUVRES COMPLÈTES

DE

BENOIT MALON

LE PARTI OUVRIER

EN FRANCE

Deuxième édition

P R I X : 25 C E N T I M E S

PARIS

DERVEAUX, LIBRAIRE-ÉDITEUR

32, RUE D'ANGOULÊME, 32

1882

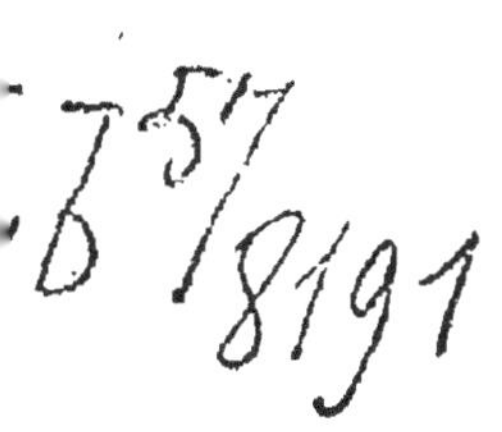

LE PARTI OUVRIER EN FRANCE

Le parti ouvrier! Il ne vient que de naître ou plutôt il n'est qu'en formation, et déjà toutes les colères bourgeoises se sont amassées sur sa tête.

Eh quoi! disent les repus de toutes couleurs, vous osez parler de *classes* dans la société de la Révolution française? Vous avez l'égalité civile et politique et cela ne vous suffit pas. Vous êtes donc bien jaloux des intelligents qui réussissent. Faites comme nous, enrichissez-vous. Si vous ne le pouvez pas, tant pis pour vous. Mais vous arrivez trop tard, messieurs les socialistes; depuis 1789, il n'y a plus de classes, plus de question sociale.

Les radicaux qui, entre temps, se disent socialistes, étant eux-mêmes des mécontents, ne disent pas qu'il n'y a pas de question sociale, que le génie de la révolution les en préserve! Il y a une question sociale, il y a même des réformes urgentes dont ils se sont fait les champions; mais pourquoi ressusciter cet exclusivisme de classe? Ce qu'il faut, c'est que tous les amis du progrès s'unissent pour combattre les privilèges et réaliser le plus de justice sociale possible. Dédaignant de répondre aux premiers, les hommes du parti ouvrier répondent aux radicaux :

Voilà bientôt un siècle que les socialistes ont suivi notre manière de procéder.

Avec Saint-Simon, ils ont convié la bourgeoisie à l'inauguration d'une splendide phase de progrès industriels et d'émancipation des travailleurs, à prendre la direction d'une civilisation pacifique et justicière.

Avec Fourier, ils ont découvert la puissance bienfaisante de la solidarité humaine évoluant dans la liberté des impulsions purifiées par le milieu harmonique et se résolvant dans l'indépendance et le bonheur de tous les êtres humains. A la réalisation de cet Eden, les puissants et les riches étaient les premiers appelés.

Avec Auguste Comte, les socialistes ont sommé la bourgeoisie, dépositaire du pouvoir et de la richesse, de se reconnaître des devoirs, de pratiquer l'altruisme et de désarmer, par la pratique spontanée de la morale et de la justice, les justes revendications des prolétaires.

Avec Cabet et Dezamy, ils ont invité la même bourgeoisie à s'incliner devant la nécessité des temps et à ne plus s'opposer à l'introduction progressive et pacifique du communisme, loi économique de l'avenir.

Avec Pierre Leroux, ils ont pacifiquement prêché la reconnaissance des droits de l'homme contre les rapacités individuelles.

Avec Raspail, ils ont démontré la nécessité d'une réforme sociale urgente.

Avec Proudhon, ils ont dit aux possédants : Si vous voulez sauver votre propriété, faites-lui prendre un bain de justice.

Or, pour ces hommes, et pour ceux qui parlaient comme eux, la bourgeoisie n'a jamais eu selon les temps, que du dédain, des calomnies, la prison et la proscription. Elle a ri de leur naïveté quand elle n'a pas fait pire.

Les prolétaires sont aussi entrés pacifiquement en ligne à plusieurs reprises, et quand par la grève ils demandaient un peu de pain en retour de leur dur travail, la bourgeoisie leur envoyait des soldats pour les faire entrer de force dans les bagnes capitalistes, heureux quand les fusils des pauvres, armés pour la défense de la société capitaliste, ne s'étaient pas abaissés pour trouer les poitrines d'autres pauvres affamés et torturés par cette même société.

Lorsque, comme à Lyon, en 1831, les prolétaires arboraient le noir drapeau de la famine sur lequel était écrit : *Vivre en travaillant ou mourir en combattant*, les bourgeois répondaient par la voix de l'un des leurs (voir Louis Blanc, *Hist. de dix ans*) : « S'ils ont faim, nous leur fourrerons des baïonnettes dans le ventre ». Et il se trouvait des Soult et des duc d'Orléans pour faire de cette horrible parole une vérité.

On maltraita encore plus les prolétaires de Paris, lorsqu'en juin 1848, poussés par la faim, ils se levèrent pour faire cette si timide réclamation : *Nous demandons le droit au travail, du pain ou du plomb!* On leur donna du plomb, et par-dessus le marché, on les couvrit de calomnies atroces, on les tortura à plaisir, on les transporta en masse et jamais l'amnistie ne vint pour ces vaincus politiques Qui présidait à ces basses œuvres bourgeoises? Des républicains comme Cavaignac et Charras, des rouges comme Ledru-Rollin, Arago, Guinard, etc. Car tous les partis bourgeois sont unis quand il faut écraser le prolétariaf, et, dans ces occasions, la bourgeoisie n'a jamais manqué d'agir comme *classe dominante* contre la *classe montante ;* les quelques généreux sortis de son sein qui se sont rangés derrière les barricades des prolétaires, ont toujours été maudits et sacrifiés par elle. Tel est le fait; prenons-en acte et agissons en conséquence.

Cependant les *journées de juin* n'avaient été qu'une idylle à côté de l'épouvantable répression consommée contre la Commune en 1871, qui se bornait à demander le maintien de la République, alors compromise, et l'universalisation du pouvoir et de la propriété. Les exploits sanglants des Thiers, des Mac-Mahon, des Cissey, des Gallifet, glorifiés alors par tous les partis bourgeois, sont trop présents aux mémoires pour que nous ayons à insister.

Notons seulement qu'ici encore tous les partis bourgeois se ruèrent à l'unisson contre le prolétariat et ses alliés révolutionnaires.

Quand plus modestes encore, les prolétaires ne faisaient appel qu'à l'association et la propagande pour s'affranchir, il se trouva toujours des policiers et des juges orléanistes, bonapartistes, cléricaux ou républicains, des Dufaure et des Delesvaux pour dissoudre leurs sociétés et pour en emprisonner les membres.

Après de si dures expériences, est-il étonnant que les prolétaires, si souvent trompés, emprisonnés, déportés, proscrits, massacrés, se soient finalement arrêtés à cette grande pensée de l'*Association Internationale des Travailleurs :*

L'émancipation des travailleurs ne peut être l'œuvre que des prolétaires eux-mêmes !

Mais ils n'ont pas l'étroitesse que leur reprochent leurs adversaires. Ils ne disent pas que seuls les ouvriers manuels ont besoin de l'émancipation et que seuls ils doivent former l'armée socialiste. Non, ils connaissent les nécessités de leur époque et ils ont conscience de leur mission de classe. Ils savent que ce n'est pas seulement d'une *transformation économique* qu'il s'agit, mais d'une *transformation sociale*. Tout le monde souffre dans la société bourgeoise, même les privilégiés, et l'antagonisme des intérêts dessèche tous les cœurs, aiguise toutes les convoitises et abaisse tous les caractères. Les prolétaires veulent introduire la justice rénovatrice non seulement dans les rapports industriels, mais dans les rapports politiques, dans les rapports familiaux, dans tous les rapports humains enfin. Ils veulent tous les êtres humains également développés, également protégés par les liens sociaux, également indépendants, pouvant également se procurer le bien-être et vivre également libres dans la haute sphère des devoirs consentis, et de la solidarité humaine.

Si, d'autre part, ils savent, avec Marx, que les illusions fraternitaires des premiers socialistes n'étaient que des illusions, que l'histoire du socialisme n'est que l'histoire des classes en lutte et que chaque grand progrès social est marqué par le renversement d'une classe dominante, ils savent aussi que les membres de la classe la plus généralement opprimée, n'ont pas le monopole des impulsions généreuses et de la compréhension historique et économique de leur époque; ils se souviennent par exemple que, lorsque, à la fin du xviiie siècle, la classe bourgeoise se sentit assez savante, assez morale et assez puissante pour fonder sa société libérale sur le renversement des [classes dominantes d'alors, le clergé et la noblesse; elle accepta les prêtres et les nobles qui vinrent à elle pour l'aider à faire sa révolution. Mais ces prêtres qui s'appelaient Talleyrand, Grégoire, etc., et ces nobles qui s'appelaient Mirabeau, Condorcet, Clootz, Saint-Just, Lepelletier Saint-Fargeau, etc., se défirent : les premiers de leurs oripeaux ecclésiastiques ; les seconds, de leurs titres de noblesse en *se faisant bourgeois* pour combattre avec la bourgeoisie pour le progrès humain. *Ils avaient compris que chaque classe incarne en elle une forme sociale particulière,* que l'ordre libéral était incarné dans la classe bourgeoise et ne pouvait triompher que par l'avénement au pouvoir de cette même classe. De même, les socialistes venus de la classe bourgeoise, doivent comprendre que, comme autrefois, la bourgeoisie ou Tiers-Etat incarnait le libéralisme, qui ne pouvait triompher que par elle, le prolétariat ou *quatrième Etat,* incarne de nos jours le socialisme, qui ne pourra triompher que par lui. Ceci admis, ils viendront à nous non pas seulement pour nous demander nos suffrages et se faire investir de la direction du mouvement, mais comme de simples combattants pour le grand combat qui est commencé. A ce titre nous les recevrons à bras ouverts. Il n'y a pas là d'exclusivisme, mais simplement prudence justifiée. Nous avons la prétention de savoir ce que nous voulons et comme nous le voulons; nous n'avons plus besoin de révélateurs ni de directeurs.

Nous avons d'abord voulu établir que les ouvriers devaient se constituer en parti séparé s'ils ne voulaient pas continuer à être les dupes et les victimes de la bourgeoisie; que la constitution de ce nouveau parti de classe était parfaitement soutenable au point de vue historique. Il suffit, en effet, de jeter un coup d'œil sur l'histoire pour voir, comme nous l'avons dit ailleurs, que toute l'histoire humaine s'est résumée jusqu'ici dans une série de luttes de classes qui se sont successivement disputé le pouvoir et la propriété.

« La théocratie (*premier Etat*) est violemment renversée après une série de luttes sanglantes par le patriciat ou noblesse (*deuxième Etat*). Le massacre des Mages chez les Perses a laissé, entre 'autres faits, des souvenirs de ce genre.

» Le *deuxième Etat*, comme classe dominante, jette les premiers fondements de la civilisation en Europe. A ce moment de l'histoire, le christianisme réalisa une passagère combinaison de l'oppression théocratique, et de l'insolence et de la rapine nobiliaires, ce qui donna le monstrueux régime catholico-féodal du moyen âge.

» Mais la bourgeoisie (*troisième Etat*) était née, appelant les villes à la liberté ; elle renverse, après cinq siècles de luttes, les deux premiers *Etats* ou classes (alliés depuis l'avénement du christianisme) et fait main-basse sur leurs privilèges pour *prendre tout*, selon l'expression de l'un de ses meneurs [1]. »

Mais toutes les situations ne sont pas révolutionnaires. Y a-t-il nécessité de préparer en ce moment par l'organisation du *quatrième Etat* une nouvelle révolution sociale ?

Au point de vue économique cela est irréfutable.

« L'avénement de la bourgeoisie a consacré la révolu-

---

1. B. Malon, *Revue socialiste,* 5 juin 1880.

tion, devenue inévitable, de la production. Toutes les entraves légales apportées à l'exercice du travail ont été brisées; la concurrence universelle est devenue la seule loi de la production et de l'échange ; les prolétaires ont perdu le peu de sécurité qu'ils avaient; ils ont cessé d'être des compagnons attachés à une profession pour devenir de la simple chair à travail, livrée sans recours à la rapacité des capitalistes. Ce mot nouveau de *capitalistes* appelle une explication pour la complète intelligence de ma démonstration.

A la société du moyen âge produisant surtout des *valeurs d'utilité*, c'est-à-dire des valeurs pour l'usage direct des producteurs ou de leurs maîtres, et s'en tenant à la production morcelée qui permet au producteur de posséder son instrument de travail, a succédé la société capitaliste qui produit surtout des *valeurs d'échange* ou marchandises destinées non pas à satisfaire les désirs des producteurs ou de leurs employeurs, mais à être portées sur le marché, pour y être vendues avec le plus de gain possible. Le mode de production s'est également transformé. A l'industrie morcelée a succédé, en passant par la manufacture, la grande industrie qui nécessite une agglomération toujours plus grande de capitaux et de travailleurs, c'est-à-dire une forme *sociale* de production. Mais les *capitaux* sont détenus par le capitaliste qui, de la sorte, dispense des moyens d'existence des travailleurs *et s'approprie individuellement le produit social*, ce qui a pour résultat :

« (*A*) Séparation du producteur avec les moyens de production. Condamnation du travailleur au salariat à vie. Antagonisme de *prolétariat* et de *bourgeoisie*.

» (*B*) Développement, surtout au moyen de la grande
» industrie (depuis la fin du xiiie siècle) de l'action des
» lois réglant la production de marchandises. Lutte effré-
» née par la concurrence. Antagonisme de l'*organisation*
» sociale de la production dans chaque fabrique, et de
» l'*anarchie* dans la production générale.

» (*C*) D'un côté, perfectionnement du machinisme, de-
» venu compulsoire pour tout industriel par la concur-
» rence et équivalant au déplacement toujours croissant
» d'ouvriers : armée industrielle de réserve. — De l'autre
» côté, extension illimitée de la production, également
» compulsoire pour tout industriel ; des deux côtés, dé-
» veloppement inouï des forces productives, excès de
» l'offre sur la demande, surproduction, encombrement
» des marchandises, crises décennales, cercle vicieux :
» surabondance, ici, de moyens de production ; surabon-
» dance, là, d'ouvriers sans travail et sans moyens d'exis-
» tence ; mais ces deux leviers de la production et du
» bien-être social ne peuvent se réunir, parce que la
» forme capitaliste de la production défend aux forces
» productives d'opérer, aux produits de circuler, à moins
» de s'être changés en capital : ce que la surabondance
» empêche. L'antagonisme est poussé jusqu'à l'absurdité.
» Le *mode de production se rebelle contre la forme de l'é-*
» *change*. La bourgeoisie est montrée incapable de diri-
» ger dorénavant les forces productives sociales.

» (*D*) Recognition partielle du caractère social des for-
» ces productives imposées aux capitalistes eux-mêmes ;
» appropriation des grands organismes de production et
» de communication par des sociétés par actions, puis par

» l'Etat. La bourgeoisie démontrée classe inutile, toutes
» ses fonctions actives étant remplies par des salariés. »
(V. Engels, *Socialisme utopique et Socialisme scientifique*.)

Nous en sommes là.

Il s'agit de briser la forme capitaliste de la production,
cette forme capitaliste qui est pour la bourgeoisie la source
unique du pouvoir et de la richesse. On ne peut pas demander à cette bourgeoisie de se suicider elle-même,
et c'est pourquoi comme classe, elle est forcément anti-
socialiste, l'idée générale du socialisme se résumant au
point de vue économique dans la *socialisation* d'une fa-
çon ou de l'autre, *des forces productives*, succédant à
l'*appropriation capitaliste* des moyens de production.

C'est ici que commence la tâche du prolétariat, agissant
comme classe (avec ses alliés venus des rangs de la bourgeoisie) non plus pour substituer une classe à une autre,
comme l'ont fait les classes précédentes, mais pour mettre
fin à la lutte et à l'existence même des classes par la
transformation des moyens de production en propriété
collective [1]. »

La rapidité avec laquelle les grands capitaux dévorent
les petits, rejettent la classe moyenne dans le prolétariat
et font aux prolétaires une vie de plus en plus asservie,
de plus en plus pénible, de plus en plus misérable et de
plus en plus précaire, est un signe trop certain que les
temps sont venus de *socialiser les forces productives*, si
l'on veut empêcher la constitution de l'effrayante *féodalité
capitaliste* prédite par Fourier. Or, la bourgeoisie, dans sa

---

1. B. Malon, *Revue socialiste*, 5 juin 1880.

partie dirigeante, s'incarne de plus en plus dans cette féodalité ; c'est donc la domination bourgeoise qu'il faut renverser ; en un mot, il y a nécessité de révolution sociale. Par révolution sociale, nous entendons transformation sociale, sans préjuger si cette transformation sera violente ou non. Mais ce que nous savons, c'est que cette révolution, par le vote ou par le fusil, selon les circonstances, ne pourra être accomplie que par le prolétariat organisé en parti de classe. Si nous nous en tenons aux réformes partielles sur le terrain politique et au rôle d'appoint dans les divers partis bourgeois, l'organisme économique dont la société politique n'est que le reflet, annihilerait tous nos efforts. Tant que la bourgeoisie n'aura en face d'elle qu'un socialisme sporadique et divisé, elle sera solide comme l'airain.

« Pendant ce temps le capitalisme, poursuivant la série de ses développements, jettera sur toute la population ouvrière ses tentacules de fer pour sucer jusqu'à la dernière goutte sa force de travail ; il prendra de plus en plus nos femmes et nos enfants pour les jeter dans les bagnes industriels ; de plus en plus il nous interdira toute vie de famille, comme cela est déjà un fait accompli (les dernières grèves l'ont démontré) dans les foyers de grande industrie. Et du berceau à la tombe, sans relâche et sans espoir, en ne voyant s'augmenter que nos fatigues, notre dénuement et notre insécurité, nous donnerons toujours plus et toujours plus de surtravail à l'insatiable accumulation capitaliste. Nous ne serons plus alors qu'une marchandise vivante qu'on jette au rebut quand on n'en a plus besoin ; que des machines à produire qu'on entretiendra en retour d'un travail exténuant dans les moments de production vertigineuse, et qu'on laissera dépérir dans les moments de crise de plus en plus fréquents, de plus en plus longs. Nous descendrons ainsi les cercles de l'enfer de misère jusqu'au dernier où il faudra laisser toute espérance, car à un certain degré d'épuisement et de misère, tous les ressorts de résistance se brisent et le poids de la servitude paraît éternel [1]. »

Il faut donc réagir et réagir vite. Or, une classe ne pouvant être renversée que par une autre classe : ce à quoi il faut travailler sans relâche, c'est à l'organisation du *parti ouvrier*, uni pour l'action et pour le but général.

Là, seulement, est la possibilité de rénover : là, seulement, est le salut. Que les prolétaires y songent ! Ils seront bien longtemps impuissants, opprimés et spoliés s'ils ne font pas céder devant l'intérêt commun certaines intransigeances dogmatiques sur lesquelles la science sociale et l'expérience auront à prononcer. Avant de pouvoir agir, *il faut être*, et le prolétariat sera impuissant tant qu'il ne se sera pas d'abord constitué en parti; c'est là l'urgence.

----

1. *Loc. cit.*

FIN

Paris. — Imprimerie Derveaux, 32, rue d'Angoulême.

Souscription permanente à 10 c. la livraison, 50 c.
la série, édition populaire illustrée, de

L'HISTOIRE DU SOCIALISME

Depuis les temps les plus reculés jusqu'en 1882

Par B. MALON, ex-député.

Belle édition illustrée de plus de 1,000 dessins et gravures inédites et de plusieurs primes entièrement gratuites, mesurant 55ᵐᵐ sur 45.

Voici les titres des principales primes déjà parues :

L'HISTOIRE DU SOCIALISME, depuis les temps les plus reculés jusqu'à nos jours, par B. Malon, ex-député de Paris, se publie actuellement en livraisons illustrées à 10 centimes, accompagnées de nombreuses primes gratuites. Cette publication hors ligne ne donne que des dessins entièrement inédits, faits spécialement pour cet ouvrage; elle a déjà donné onze primes splendides : la première, *le Triomphe de la Commune de 1871*, splendide gravure coloriée en trois couleurs; la deuxième, *le Portrait de l'Auteur*, enrichi d'un magnifique encadrement représentant tous les attributs et les instruments de la Science, de la Paix, du Progrès et du Travail; la troisième, *le Triomphe de Clovis*, reproduction du tableau de M. Joseph Blanc. Ce tableau, qui est actuellement au Panthéon, représente les principaux personnages de notre époque, tels que Gambetta, Clémenceau, Paul Bert, Lockroy, Antonin Proust, Coquelin aîné, etc.; la quatrième, reproduction du splendide tableau de M. Robert Hunckley exposé au dernier Salon, est intitulée *les Derniers moments de Socrate;* la cinquième, *un Oracle gaulois*, reproduction du tableau de M. Vimont, exposé au Salon de 1881; la sixième, *le Matin du 1ᵉʳ Prairial*; la septième, *la Mort de Delescluze*, fusillé sur la barricade du boulevard Voltaire; la huitième, *un magnifique portrait*, grandeur nature, du grand socialiste Saint-Simon; la neuvième, la reproduction, d'après le dessin de l'auteur, du dramatique tableau de Durio, intitulé *Comment meurt la Canaille;* la dixième, *le Portrait du Père Enfantin dans le costume des Saint-Simoniens;* la onzième, *Dames saint-simoniennes dans leur costume.* Ces deux dernières primes sont de splendides costumes coloriés.

Nota. — Toutes ces primes sont gratuites et ont comme grandeur 55ᵐᵐ sur 45.

En vente chez tous les libraires.

VARLIN

Membre de la Commune de 1871.

Spécimen des gravures de l'*Histoire du Socialisme.*

AVIS IMPORTANT. — L'*Histoire du Socialisme* formera environ 250 livraisons à **10** c. et 50 séries à **50** c. — L'abonnement à l'ouvrage complet est de **25** francs.

Toute personne qui prendra un abonnement aura droit, en outre des primes contenues dans l'ouvrage, aux QUATRE PRIMES SUIVANTES :

1º les 50 livraisons des *Vices parisiens* (voir l'annonce ci-contre). — 2º Le *Calendrier républicain* de l'an 90-91. — 3ᶜ Les *Lois constitutionnelles.* — 4º Le *Calendrier grégorien pour 1882.* — Soit une valeur de 8 francs.

Ces primes seront envoyées franco à tous les abonnés qui souscriront à l'ouvrage complet.

MAISON DERVEAUX

FONDÉE EN 1855

LIBRAIRE-ÉDITEUR

32, RUE D'ANGOULÈME-DU-TEMPLE, 32

(La Maison ne reçoit pas de Timbres-poste.)

COMMISSION. — EXPORTATION

EXTRAIT DU CATALOGUE

Aghonne (Mlle d'). — *Une Histoire parisienne,* roman parisien entièrement inédit. 1 vol. in-18 jésus. Prix.............. 3 50

Ancourt (Edw.) — *A B C du Dessin,* en 20 leçons et sans professeur. Cette méthode, qui contient 20 pages de dessins et 20 pages de texte, est faite pour être démontrée aux enfants par une personne ne connaissant même pas le dessin.

— *Le 14 octobre 1877,* souvenir des élections de 1877. Une grande et belle lithographie de 45 sur 64. Prix.......... 1 50

— *Portrait de Gambetta,* une très-belle lithographie; largeur, 42 c.; hauteur, 32. Prix.................... 1 25

— *Portrait de Victor Hugo,* une très-belle lithographie; largeur, 42 c.; hauteur, 32.................... 1 25

— *Les Vices parisieus.* — 1re partie, *Claire Aubertin,* édition définitive, revue et corrigée par l'auteur. Roman réaliste, par Vast-Ricouard. 1 fort vol., beau papier, enrichi des principaux types et scènes des trois parties des *Vices parisiens,* dessiné par Edw. Ancourt. — 2e partie, *Madame Bécart,* 10e édition, augmentée d'une préface, par Émile Zola. 1 fort vol. Prix.. 3 50

— 3e partie, *le Tripot,* 10e édition. 1 vol. Prix....... .... 3 50

Andrieux (Léon). — *Un Sermon politique.* 1 vol. in-18 jésus. Prix.................................... .... 1 fr.

Allary (Camille).—*Les Amours buissonnières,* second volume de la *Bibliothèque naturaliste.* 1 vol. in-18 jésus, augmenté d'une eau forte par Ernest Picbio, l'auteur des deux célèbres tableaux la *Mort de Baudin* et le *Triom, he de l'Ordre.* Prix, 3 50

Avis à tous les patrons, loi concernant le travail des enfants et des filles mineures dans les manufactures. Une affiche placard. Prix.. 0 25
L'article 2 de la-dite loi dit formellement que tous les patrons ou chefs d'industrie sont tenus d'afficher ladite loi dans leur atelier.

Constant (Benjamin). — *Les Haut-Faits de Monsieur de Ponthau*, par Léon Hennique. 1 fort et beau vol. in-8, édition de luxe, illustré de fusains originaux par Benjamin Constant, Gervex, Ingomard, etc. Prix.............. .... 6 fr,
Il a été tiré des exemplaires avant la lettre comme suit : 1 ex. sur vélin ; 1 ex. sur japon, non mis dans le commerce 10 ex. sur papier Watmann. Prix : 20 fr. ; 20 ex. sur papier de Hollande teinté. Prix............................ 15 fr.
Nota. — Il n'a été tiré des gravures avant la lettre que pour les exemplaires de luxe.

Bibliothèque naturaliste fondée par M. Derveaux, éditeur.

1er volume : *Marthe,* histoire d'une fille, par J.-K. Huysmans, 1 volume augmenté d'une curieuse préface et d'une eau-forte impressionniste par J.-L. Forain. Prix du volume in-18 jésus imprimé en elzévir..... .... 0 60

2e volume : *Les amours buissonnières,* par Camille Allary. 1 fort volume in-18 jésus imprimé en elzévir et augmenté d'une eau-forte par le peintre E. Pichio, et d'une lettre dédicace à Emile Zola. Sous presse le tome IIIe.
Nota. — Chaque volume est imprimé sur elzévir et contient au moins une eau-forte.

Bigot (G.) — *Gustave Courbet,* souvenirs intimes, par Gros-Kost. 1 vol. in-18 jésus, illustré de dessins originaux par C. Pata, Boissy, Karl Cartier, G. Bigot. Prix............ 3 50

Blanc (Louis). — *Le Centenaire de J.-J. Rousseau* (fête oratoire présidée par). Une petite brochure in-18 contenant tous les discours qui ont été prononcés à cette réunion par Louis Blanc, Ernest Hamel, général Wimpffen, etc. Prix............ 0 60

Boissy. — *Gustave Courbet,* souvenirs intimes, par Gros-Kost. 1 vol. in-18 jésus, illustré de dessins originaux par C. Pata, Boissy, Karl Cartier, G. Bigot. Prix.................... 3 50

Bralane (Henry de). — *Léo,* roman naturaliste émouvant. 1 vol. in-18 jésus. Prix................................. 3 50
(Ouvrage faisant pendant à *Mlle Giraud, ma femme,* par A. Belot.)

Brissac (Henri). — *Souvenirs de prisons et de bagne,* relations de huit années de bagne subie après la Commune de 1871. 1 vol. in 18 jésus........ .... 0.60

Cyrano (Jean). — *La Débauche,* roman parisien à sensation, complétement inédit. 1 vol. in-18 jésus de plus de 500 pages Prix... 3 50

Castelar (Emilio). — *Préface* pour servir à l'*Histoire d'un Crime*, de Victor Hugo, traduction de Camille Farcy, rédacteur du journal *la France*. Une brochure même format que l'ouvrage de Victor Hugo, indispensable à tous les lecteurs de l'*Histoire d'un Crime*. Prix.................................... 0 40

Cartier (Karl). — *Gustave Courbet*, souvenirs intimes, par Gros-Kost. 1 vol. in-18 jé-us, illustré de dessins originaux par C. Pata, Boissy, Karl Cartier, G. Bigot. Prix............. 3 50

Courbet (Gustave). — *Souvenirs intimes*, par Gros-Kost. 1 vol. in-18 jésus illustré de dessins originaux par C. Pata, Boissy, Karl Cartier, G. Bigot. Prix......................... 3.50

Clamont (Clément). — *Biographie de Sarah Bernardht*, élégante petite brochure, augmentée d'un joli portrait hors texte dessiné par Ingomard. Prix.............................. 0.75

Daval (Georges). — *La Morte galante*, roman inédit. 1 beau vol. in-18 jésus. Prix.............................. 3 50

Emancipation (L'), — Collection complète du journal, organe du parti ouvrier, fondé par Benoit Malon prix de la collection complète, franco.......................... 1 50

Farcy (Camille), rédacteur du journal *la France*. Traduction de la *Préface* pour servir à l'*Histoire d'un Crime*, de Victor Hugo, par Emilio Castelar. Une brochure de même format que l'ouvrage de Victor Hugo, indispensable à tous les lecteurs de l'*Histoire d'un Crime*. Prix........................ 0 40

Forain (J.-L). — *Marthe,* histoire d'une fille, par J.-K. Huysmans. 1 vol. in-18 jésus, augmenté d'un avant-propos, imprimé en elzévir; il est, en outre, accompagné d'une eau-forte impressionniste par J.-L. Forain. Prix.................. 3 50

Fuchs (Joseph). — *Le Bouquet de Fleur d'oranger*, comédie en un acte dédiée à Saint-Germain. Elégante brochure. Prix. 1 fr.

Gambetta (Portrait de Léon), une très-belle lithographie, dessinée par Edw. Ancourt; largeur, 42 c. ; hauteur, 32. Prix.... 1 25

Gautier (Emile). — *Le Darwinisme social*, étude de philosophie. 1 vol. in-18 jésus.......................... 1 fr.
— *Propos anarchistes*. série de brochures in-18 jésus. Prix. 25 c.
1ro, *le Parlementarisme*, sera continué par la 2o, intitulée : *les Endormeurs.*

Gervex. — *Les Hauts faits de Monsieur de Ponthau*, par Léon Hennique. 1 beau et fort vol. in-8, édition de luxe, illustré de fusains originaux par Benjamin Constant, Gervex, Ingomard, etc. Prix................................ 6 fr.

Il a été tiré des exemplaires avant la lettre comme suit : 1 ex. sur vélin, 1 exemplaire sur japon, non mis dans le commerce ; 10 exemplaires sur papier Watmann. Prix, 20 fr. 20 exemplaires sur papier de Hollande teinté. Prix.... 15 fr.

Nota. — Il n'a été tiré de gravures avant la lettre que pour les exemplaires de luxe.

Gros-Kost. — *Gustave Courbet*, souvenirs intimes. 1 vol. in-18 jésus, illustré de dessins originaux par C. Pata, Boissy, Karl Cartier, G. Bigot, etc. Prix.............................. 3 50

Hamel (Ernest). — *Le Centenaire de J.-J. Rousseau*, fête oratoire présidée par Louis Blanc. Une petite brochure in-18, contenant tous les discours prononcés à cette réunion par Louis Blanc, Ernest Hamel, général Wimpffen, etc. Prix. 0 60

Hennique (Léon). — *Les Hauts faits de Monsieur de Ponthau*. 1 beau et fort vol. in-8, édition de luxe, illustrée de fusains originaux par Benjamin Constant, Gervex, Ingomard, etc. Prix.. 6 fr.

Il a été tiré des exemplaires avant la lettre comme suit: 1 ex. sur vélin, 1 exemplaire sur japon, non mis dans le commerce; 10 exemplaires sur papier Watmann. Prix.... 20 fr. 20 exemplaires sur papier de Hollande teinté. Prix... 15 fr.

Nota. — Il n'a été tiré des gravures avant la lettre que pour les exemplaires de luxe.

Victor Hugo, (portrait de). — Une très-belle lithographie dessinée par Edw. Ancourt largeur, 42 cent. ; hauteur, 32 cent. Prix... 1 25

— (*Préface* pour servir à l'*Histoire d'un Crime*), par Emilio Caltelar, traduction de Camille Farcy, rédacteur du journal *la France*. Une brochure même format que l'ouvrage de Victor Hugo, indispensable à tous les lecteurs de l'*Histoire d'un Crime*. Prix... 0 40

Hugonnet (Léon), correspondant de la *France* et du *Bien Public* pendant la guerre turco-russe. — *La Turquie inconnue,* voyage dans les Balkans. 1 volume in-18 jésus, Prix.............. 3 50

Huysmans (J.-K.). — *Marthe,* histoire d'une fille. 1 vol. in-18 jésus augmenté d'un avant-propos, imprimé en elzévir. Il est en outre accompagné d'une eau-forte impressionniste par J.-L. Forain et d'une curieuse préface. Prix.............. 3 50

Ingomard, — *Biographie de Sarah-Bernhardt*, par Clément Clament. Élégante petite brochure, augmentée d'un joli portrait hors texte dessiné par Ingomard. Prix................. 0 75

Les Hauts Faits de Monsieur de Ponthau, par Léon Hennique. 1 beau et fort vol. in-8, édition de luxe, illustré de fusains originaux par Benjamin Constant, Gervex, Ingomard, etc. Prix.. 6 fr.

Il a été tiré des exemplaires avant la lettre comme suit : 1 ex. sur vélin, 1 ex. sur japon, non mis dans le commerce ; 10 ex. sur papier Watmann. Prix, 20 fr. 20 ex. sur papier de Hollande teinté. Prix...................................... 15 fr.

Nota. — Il n'a été tiré des gravures avant la lettre que pour les exemplaires de luxe.

Jux d'Uzelles (J.-B. de la). — *De l'Incorporation et du Mariage des Prêtres*, de leur rôle dans la société comme soldats et comme pères de famille. Brochure avec couverture. Prix.   0 25

— *Mademoiselle de Charmency*, roman parisien. Ce roman palpitant porte comme sous-titre : *Histoire d'un duel à mort*; il est en outre augmenté du portrait de l'héroïne, dessiné par l'auteur. Prix du volume, format in-18 jésus...................... 1 50

— *M. Thiers et le 16 mai devant la France et devant l'Histoire.* 1 brochure in-18. Prix *franco*......................... 0 20

Lassalle, — *Capital et Travail*, traduction française par Benoît Malon, 1 vol. in-18 jésus. Prix...................... 2 fr.

Loiseau-Rousseau (P.), — *Les Théâtres de Paris*, 35 splendides eaux-fortes, par P. Loiseau-Rousseau. Le tirage de ces eaux-fortes a été limité à 75 exemplaires ; il n'en reste que très-peu au prix de... .... 20 fr.
   Ces exemplaires sont en outre garantis par un élégant carton doré.

Malon (Benoît). — *Histoire du Socialisme et des Prolétaires* depuis les temps les plus reculés jusqu'en 1880, ou Histoire des classes ouvrières à travers les âges par Benoit Malon, ex-député à l'Assemblée nationale, ex-membre de la Commune en 1871.

   Magnifique édition populaire à 10 c. la livraison, 50 c. la série, illustrée de belles gravures sur bois entièrement inédites.

— *Le Parti ouvrier*. Brochure in-16. Prix............... 0 15

— Traduction française du *Capital et Travail*, par Lassalle. 1 vol in-18 jésus. Prix................... .... 2 fr.

-- Traduction française de *la Quintessence du socialisme*, par Schæffle. Prix .... 1 fr.
— *Le Nouveau Parti*, tome Ier. *Le Parti ouvrier et ses principes*, deuxième édition, revue, corrigée et augmentée des commentaires et articles de bibliographie, 1 vol. in-18 jésus, avec une préface de Jules Vallès. Prix........................... 1 50
— *Le Nouveau Parti*, tome II. *Le Parti ouvrier et les partis politiques*. Prix..................................... 1 50

Pata (C.). — *Gustave Courbet*, souvenirs intimes, par Gros Kost. 1 vol. in-18 jésus. illustré de dessins originaux par C. Pata, Boissy, Karl Cartier, G Bigot. Prix 3 50

Pichio (Ernest). — *Les Amours buissonnières*, 2e vol. de la *Bibliothèque naturaliste*. 1 vol. in-18 jésus, augmenté d'une eau-forte par Ernest Pichio, l'auteur des deux célèbres tableaux : *la mort de Baudin* et le *Triomphe de l'Ordre*. Prix...... 3 50

Ravenel (Alphonse). — *Les Enfants* (étude). 1 vol. in-8. Prix 1 50

— *Souvenirs de Champigny*. 1 vol. in-8. Prix .... 2 fr.
   Ouvrages honorés tout récemment d'une Médaille d'honneur par la Société d'Encouragement au bien.

Rod (Edouard). — *Les Allemands à Paris*, roman inédit. 1 fort vol. in-18 jésus. Prix.............................— 3 50

La Revue réaliste, dirigée par Vast-Ricouard. — Collection complète.

Principaux articles contenus d'ans cette *Revue :*

Notre Programme, par la Rédaction.
Chronique parisienne, par Vast-Ricouard.
Le Monsieur de Lolotte, roman réaliste, par Gabriel Lafaille.
Tableaux réalistes : la Fille assassinée, par Maurice Montégut.
Silhouettes contemporaines : les Hanlon-Lees, par Paul Ginesty.
De la Peste noire, par le docteur Bergeron.
Racontars du Palais, par Maître Petit-claud.
Un Misérable, par Maurice Montégut.
La Littérature cléricale, Molière corrigé, par Paul Ginesty.
Excursions polaires, par Henri Vast.
Polémique littéraire, par Edouard Rod.
Quelques vers en réponse à beaucoup de prose contre la Revue Réaliste, par Maurice Montégut.
Thomas Holden et ses Fantoches (biographie), par Paul Ginesty.
Gustave Courbet (biographie), par Gros-Kost.
Les Réalités de la Science, par Pierre Giffard.
Mouvement réaliste à l'étranger, par Edouard Rod.
A propos des Annales du Théâtre, par Emile Zola.
La Mort du Bourreau, par Maurice Montégut.
De la Morale dans le Réalisme, par Edouard Rod.
Mouvement réaliste à l'étranger, par Louis Livet.
Histoire du Réalisme, par G. Depré.
La Fête des Moissonneurs, par Sacher-Masoch, (le maître du réalisme en Allemagne).
Lettres de la Nouvelle-Calédonie. par un Déporté.
Un Réaliste au petit fer, par Pierre Giffard.
Le Réalisme dans la Finance, par Hector Scnzon.
Lettre de la Jeunesse à Emile Zola, par la Rédaction.
Le Salon, par Charles Grandmougin.
Edmond de Goncourt, par Edouard Rod.
La Tête de Pierre Zaccone, par Vast-Ricouard,
La Petite de chez Lucien (Nouvelle), par Pierre Giffard.
La Bouteille (Nouvelle), par Ernest Depré.
Les petits Mémoires d'un Reporter parisien, par Snobb.
Jacques Vingtras, par Jean la Rue (J. Vallès), par E. Rod.
Une Conversion, par Vast-Ricouard.
La Méprise de Bourdignac (nouvelle), par Pierre Giffard.
A quoi sert l'Académie française, par Ed. Rod.
La Crise (nouvelle), par E. Depré.
Causerie dramatique, par Ch. Grandmougin.
La Vérité au Théâtre, par Edouard Rod.
Causerie Musicale, par Ch. Grandmougin.

Il ne reste plus de cette collection que vingt exemplaires au prix de 20 fr.

Revue socialiste. Abonnement : Un an, 10 fr ; 6 mois, 5 **fr. ;** 3 mois, 2 fr. 50. — Le numéro, 50 cent.
La première année, prix réduit : 5 fr. au lieu de 10 **fr**

Sarah Bernhardt (biographie de), par Clément Clamant. Élégante petite brochure augmentée d'un joli portrait hors texte dessiné par Ingomard. Prix...................... 0 75

Schœffle — *La Quintessence du socialisme*, traduction française, par B. Malon. Prix .... 1 fr.

Vast-Ricouard. — *Les Vices Parisiens.* 1re partie, *Claire Aubertin*, édition définitive, revue et corrigée par l'auteur. Roman réaliste. 1 fort. vol. beau papier enrichi des principaux types et scènes des tros parties des *Vices parisiens*, dessinés par Edw. Ancourt. — 2e partie, *Madame Bécart*. 10e édition, augmentée d'une préface, par Emile Zola. 1 fort vol. Prix...... ... 3 50
— 3e partie, *Le Trpot*, 10e édit. 1 vol. Prix.............. 3 50

Vallès (Jules). — Préface du *Nouveau Parti*, par Benoît-Malon. 1 vol. in-18 jésus. Prix................................. 1 50

Wimpfen (général). — *Le Centenaire de J.-J. Rousseau*, fête oratoire présidée par Louis Blanc. Une petite brochure in-18 contenant tous les discours qui ont été prononcés à cette réunion par Louis Blanc, Ernest Hamel, général Wimpffen, etc. Prix... 0 60

Zola (Émile). — Préface de *Mme Bécart*.
— 2o partie des *Vices Parisiens*, par Vast-Ricouard. 1 volume in-18 jésus. Prix....................... .... 3 50

EN COURS DE PUBLICATION :

Souscription permanente à 10 centimes la livraison,
50 centimes la série franco,

LES VICES PARISIENS

Par VAST-RICOUARD.

PREMIÈRE PARTIE

CLAIRE AUBERTIN

Magnifique édition illustrée de dessins entièrement inédits, par Edw. Ancourt et gravés par Leray.

Deux livraisons par semaine, une série tous les dix-sept jours.

Voir au catalogue les primes entièrement gratuites à tous les abonnés des *Vices parisiens*.

Spécimen des gravures des *Vices parisiens*.

PREMIÈRE PARTIE

CLAIRE AUBERTIN

SOUS PRESSE

Pour paraître le 23 septembre 1882, date correspondante au
1er vendémiaire de l'an 91 de l'année républicaine.

LA DEUXIÈME ANNÉE DU

GRAND ALMANACH RÉPUBLICAIN

PITTORESQUE, SCIENTIFIQUE, STATISTIQUE & LITTÉRAIRE
Pour 1883.

Un beau et fort volume in-18 jésus, du prix de **1 franc.**

TABLE DES MATIÈRES

1. Déclaration des droits de l'homme et du citoyen, votée par l'Assemblée nationale en 1789.
2. Instruction sur le Calendrier républicain.
3. Le Calendrier républicain pour l'an 91, avec l'étymologie des mois et leur correspondance avec le Calendrier grégorien.
4. Dates mémorables du Calendrier républicain pendant le temps qu'il fut en vigueur.
5. Les grandes Fêtes nationales de la République française.
6. Table de concordance du Calendrier républicain et du Calendrier grégorien pour servir à l'étude de la Révolution.
7. Historique du Calendrier grégorien.
8. Le Calendrier grégorien pour 1883, avec l'étymologie des mois.
9. Le Calendrier du jardinier.
10. Histoire des Almanachs en France.
11. Renseignements utiles et liste chronologique des principales découvertes dans les sciences et les arts.
12. Instruction sur les périodes astronomiques, leur utilité. — Méthode pour trouver le jour de Pâques d'une année quelconque, et pour déterminer rapidement le jour de la semaine correspondant à une date donnée.
13. Causes et dialogues comiques.
14. Le Caire et Alexandrie.
15. Accroissement de la population en France et population des colonies françaises.
16. Accroissements successifs de Paris.
17. Description du Sénégal et du Fouta-Djallon. — M. de Savorgnan de Brazza.
18. Deux fables inédites de Lafontaine.
19. Carte géographique de nos possessions.
20. Les atomes meurtriers.
21. Portrait de Garibaldi.
22. Division de la France en départements et population des chefs-lieux de département et d'arrondissement. — Distances de Paris. — Sénateurs et députés.
23. Loi sur l'Instruction obligatoire.
24. Tableau des principales foires de France tenues dans les chefs-lieux de département et d'arrondissement.
25. Tableau complet des fêtes des environs de Paris.

26. Les grandes puissances de l'Europe : étendue, population,
    forces militaires et flottes.
26. Généralités géographiques.
27. Darwin.
28. Tableau comparatif des monnaies, poids et mesures des
    principaux pays du globe.
29. Bureau du Sénat et de la Chambre des députés; adminis-
    tration.

AVIS DE L'ÉDITEUR

SUR LA PREMIÈRE ANNÉE DU

GRAND ALMANACH RÉPUBLICAIN

L'éditeur de l'*Histoire du Socialisme* a entrepris la tâche de
substituer au calendrier clérical actuel, rempli des saints qui le
sont plus ou moins, le calendrier républicain de 1793.

Il est évident que si l'on veut combattre le cléricalisme, le plus
sûr moyen est de ne pas avoir toujours devant soi l'image cléricale. Ce calendrier paraîtra tous les ans; la première année est
en vente au prix de 1 franc. Pour le rendre plus utile et plus at-
trayant, l'éditeur y a ajouté la table des *Droits de l'homme* et le
nom de tous les députés.

AVIS SUR LA DEUXIÈME ANNÉE.

Nous rappelons aux libres penseurs que le *Grand Almanach
républicain* publié actuellement par l'éditeur de l'*Histoire du Socialisme*, est le seul de tous les almanachs qui se publient en
France et à l'étranger qui donne la table des *Droits de l'homme*
et surtout le Calendrier républicain.

Cet Almanach deviendra très rare, par ce seul fait que nous
avons comblé une lacune vraiment nécessaire.

La 1re année du *Grand Almanach* étant complètement épuisée,
nous avons dû en faire un nouveau tirage, mais très restreint, au
prix de 1 franc, nous les réservons aux mille premiers souscripteurs de la 2e année qui, au lieu de 1 franc, ne le paieront que
50 centimes rendu franco, nous le répétons.

**Cette faveur est seule réservée aux mille premiers sous-
cripteurs de la 2e année.**

Pour bien comprendre l'utilité, la variété et l'abondance des
matières contenues dans le *Grand Almanach républicain*, nous
ne pouvons mieux le recommander aux lecteurs qu'en le priant
de se reporter à la *Table des matières*.

Les souscriptions sont reçues dès maintenant à l'Administra-
tion du Grand

ALMANACH RÉPUBLICAIN

32, rue d'Angoulême.

Pour la 1re année seule. . . . . 1 »
Pour la 2e année seule . . . . 1 »
Pour les 2 années ensemble 1 50

Nouveautés qui viennent de paraître

LE PARTI OUVRIER EN FRANCE, par Benoit Malon. — Deuxième édition. Une élégante brochure de 24 pages, garantie par une couverture. Prix. **0 25**

LA VOIX DU PEUPLE, par Beaudouin. — Petite brochure de propagande, 36 pages. Prix. **0 10**

LES LOIS CONSTITUTIONNELLES qui régissent actuellement le gouvernement de la République française. — Ouvrage illustré des armes de la République, des nouveaux drapeaux et d'une tête de la République. *Les Lois constitutionnelles* renferment les lois suivantes : Lois relatives à l'organisation des pouvoirs publics. Lois relatives à l'organisation du Sénat. Lois constitutionnelles sur les rapports des pouvoirs publics. Lois organiques sur les élections des sénateurs et sur l'élection des députés. — Prix. . . . . **1 fr.**

Pour tous les souscripteurs à un seul des ouvrages contenus dans ce catalogue, 50 c. seulement franco.

Paris. — Imprimerie Derveaux, 32, rue d'Angoulême.